G. ESPÉ DE METZ

Méthode de Langue écrite internationale

PRIX : 3 FRANCS

TOURS
IMPRIMERIE E. ARRAULT ET Cie
6, RUE DE LA PRÉFECTURE, 6
1923

Méthode de Langue écrite internationale

ROMANS DRAMATIQUES DE G. ESPÉ DE METZ

Le Couteau (2ᵉ édition), Préface de Guillot de Saix, Paris, Vigot
frères.

Fleurs de tranchées (quatre pièces : *Diomède et Cressida. — Preuss-
kopf*; 3ᵉ édit. — *Au Nom du Chef*; 8ᵉ édit. — *La Bête Rouge*), Paris,
Vigot frères.

Plus fort que le mal (Essai sur le mal innommable), Paris, Maloine.

Jean-le-Mineur, Paris, Vigot frères.

POLITIQUE COLONIALE

Vers l'Empire... Paris. Lib. Ambert.

Par les Colons. Paris. Emile Larose.

POÈMES

Cigarettes. Imp. Arrault. Tours.

G. ESPÉ DE METZ

Méthode
de Langue écrite
internationale

TOURS
IMPRIMERIE E. ARRAULT ET Cᵗ
6, RUE DE LA PRÉFECTURE, 6

1923

MÉTHODE DE LANGUE ÉCRITE INTERNATIONALE

(L'ESPÉISME)

— · —

I

Sur les bienfaits du langage " Petit-Nègre "

On appelle communément langage *petit-nègre*, le langage rudimentaire que forgent spontanément aux colonies Européens et Indigènes parlant des langues fort différentes et obligés par la nécessité de converser les uns avec les autres.

Chaque langue a son génie. Le génie de la langue *petit-nègre*, c'est la simplification. Le *petit-nègre* ne s'embarrasse ni des subtilités grammaticales ni même de la syntaxe...

Ji pas vouloir travailler, dit le bon ou plutôt le mauvais nègre au colon qui l'emploie. Et le colon de répondre avec assurance : *Si ti pas travailler, ji pas donner manger.*

Grâce au *petit-nègre*, Européens et Indigènes parviennent à se faire entendre les uns des autres, parfois même à échanger des idées assez subtiles.

Aussi le langage *petit-nègre* est-il florissant ; loin de péricliter, il ne cesse d'élargir l'étendue de ses royaumes bienfaisants. La facilité croissante des communications entre les hommes de provenances diverses seconde ses progrès. A dire vrai, le *petit-nègre* marche à l'assaut des continents.

Je n'exagère pas.

L'opinion serait injuste de qui oserait prétendre le *petit-nègre* sans utilité pour quiconque n'est pas exposé à conférer avec des nègres, petits ou grands.

Je connais d'honorables Français, qui, ne sachant pas l'allemand, emploient, en terre de langue allemande, un *petit-nègre germanique* indispensable et réjouissant.

Et les journaux français reproduisent parfois des lettres de commerçants allemands écrites dans un *petit-nègre français* de qualité exceptionnelle.

Donc, honneur au *petit-nègre !* Il permet à quantité de gens — qui, sans lui, devraient rester muets — de faire parfaitement comprendre ce qu'ils pensent, ce qu'ils désirent, ce qu'ils veulent.

Faisons un saut dans l'avenir.

Nous sommes en 1930. Je me trouve isolé, à la campagne. J'ai besoin de passer une commande en Allemagne 1) ; je ne sais pas un mot de la langue allemande : je ne dispose pas d'interprète. Personne, dans mon entourage, ne connaît la moindre langue étrangère.

Me voilà bien embarrassé. Ou plutôt, je le serais si je ne me souvenais qu'en 1923, en France et à l'Étranger, un certain nombre d'éditeurs de dictionnaires — je parle d'éditeurs scrupuleux et intelligents — il s'en trouve ! — un certain nombre d'éditeurs français et étrangers, disais-je, ayant pris connaissance des réflexions que je note en ce moment même (2), et ayant bien voulu les honorer de leur confiance et m'honorer de leur collaboration, ces éditeurs intelligents et scrupuleux ont édité leurs dictionnaires de telle sorte que l'aptitude à écrire correctement le *petit-nègre international* est à la portée de quiconque sait lire et écrire les chiffres arabes et possède un dictionnaire pourvu de la *notation chiffrée internationale* (3).

---

(1) La langue allemande est particulièrement évoquée au cours de cette étude en vertu du principe : *qui peut le plus peut le moins* ; la langue allemande étant, dans le groupe des langues de l'Europe occidentale, celle qui diffère le plus du français.

(2) En ce moment, c'est-à-dire au mois de *décembre 1922.*

(3) L'entente de deux éditeurs appartenant à des pays différents suffirait pour faire connaître et pour commencer de répandre une innovation que l'adhésion d'autres éditeurs de dictionnaires disséminerait par la suite dans le monde. Il suffirait même, pour déclencher le mouvement, d'un seul éditeur imprimant des ouvrages en deux langues. *Ces éditeurs existent :* des ouvrages français sont imprimés en Angleterre dans des imprimeries anglaises et édités et vendus en France et en Angleterre. De même à Berlin, à Leipzig, à Vienne... des éditeurs d'ouvrages allemands font imprimer dans leur pays des ouvrages français dont le texte est correctement composé. Des pays bilingues (ou polylingues) comme la Suisse, impriment également en français et en allemand.

En quoi consiste cette notation ?

Très simplement en ceci : qu'à chacun des trente mille mots (ou tout au moins à chacun des trois ou quatre mille mots-racines) qui, dans les différentes langues, suffisent à exprimer la plupart des pensées, il est attribué une valeur, *un chiffre* qui représente la signification de ce mot dans chacune des langues usitées.

Autrement dit, *la méthode consiste à attribuer aux mots ayant la même signification dans les différentes langues un même indice numérique, un même chiffre.*

Comme il faut un mot pour désigner les choses, appelons cette méthode la méthode espéenne, et espéisme la langue perfectionnée — oh ! combien — qui, par suite des enjolivements que je dirai, en doit résulter.

Commençons par le commencement et prenons un exemple :

A côté des mots : envoyer, expédier, schicken, senden, to send... seront notés dans les dictionnaires des différents pays, outre la définition du mot dans la langue du pays, le même indice numérique international, le même chiffre.

Supposons que ce chiffre soit : 1250.

J'ouvre mon dictionnaire au mot : *envoyer.* J'y trouve : envoyer : faire un envoi, expédier : 1250.

J'écris ce chiffre à mon correspondant allemand. Il ouvre son dictionnaire, y cherche la table des chiffres internationaux et au numéro 1250, il lit : *schicken, senden.* Mon correspondant anglais trouvera au chiffre 1250 le mot : *to send,* de même que mes correspondants espagnols, italiens, portugais, roumains... trouveront à ce même chiffre : 1250, le mot de leur langue qui signifie : *envoyer.*

Et si ce sont mes correspondants anglais, allemands, roumains, espagnols... qui désirent — eux — me prévenir qu'il faut envoyer, ils n'auront qu'à ouvrir leurs dictionnaires respectifs au mot de leur propre langue qui signifie : *envoyer* (*schicken* dans le dictionnaire allemand ; *to send* dans le dictionnaire anglais..., etc.) ; ils y trouveront ce même chiffre : 1250, qu'il leur suffira de m'écrire pour que, grâce à mon dictionnaire, je comprenne qu'ils me demandent d'*envoyer.*

Il n'est pas malaisé de constater que cette simple méthode

espéenne *petit-nègre* est *essentiellement petit-nègre*, qu'elle ne se prête qu'à des énoncés très simplistes, dépourvus de toute complexité de construction, qu'elle est privée des artifices du nuancement.

Constatons toutefois avec impartialité qu'elle conduit à des résultats qui ne sont pas insignifiants :

— Le chiffre est international ; sa valeur est constante dans tous les pays où cette valeur a été acceptée, notée, disséminée.

— La méthode n'exige pas de professeur ; elle peut être employée sans le secours de quiconque, avec le seul concours du dictionnaire.

— Elle permet l'emploi d'un style *petit-nègre qui ne redoute pas la faute d'orthographe* et n'est pas inégal en précision à celui de quantité d'écrits, qui, hérissés d'incorrections, nous parviennent de l'étranger.

Sans doute, dans les débuts, paraîtra-t-il surprenant de recevoir une lettre écrite ainsi :

M.

1250 — 5239 — 22.200 — 6.825 — Goethe — 4320 — 127 — a — 1320 — K — 75 — 7.002 — Z.

Mais le dictionnaire fournira, sans grandes difficultés, la traduction littérale :

Monsieur,

Envoyer — collection — complet — œuvre — Gœthe — adresse — ci-dessous — moi — payer — par mandat-international — — aussitôt — réception. Veuillez agréer...

C'est du style *petit-nègre :* c'est même du style télégraphique.

Ce peut être du style *utile*.

Mais, dira-t-on, comment discerner les chiffres, les vrais chiffres, ceux qui signifient des nombres, de ceux qui représentent des mots ?

Mon Dieu ! c'est bien simple. Il suffira de souligner les chiffres, les vrais chiffres, ceux qui désignent véritablement des nombres.

Ainsi, dans l'exemple précédent, le libraire qui commanderait non pas une, mais *dix* collections complètes de l'œuvre de Goethe, écrirait :

M.

1250 — 10 — 5239 — 22.200 — 6.825 — Goethe, etc.

Je ne prétends pas que cette méthode ait une portée très considérable ; que la langue chiffrée — l'espéisme — puisse en suppléer aucune autre — fût-ce le latin ou l'espéranto... Je crois seulement qu'elle peut rendre passablement de services, car bien des gens ignorent les langues et beaucoup de maisons ne disposent pas de nuées d'interprètes versés dans toutes les sortes d'idiomes.

Il convient aussi d'apprécier si cette langue, en dépit de sa sécheresse essentielle, n'est pas susceptible de perfectionnements ; si, au prix de *quelques pages* d'explications et d'exemples à joindre au dictionnaire, il n'est pas possible de lui insuffler une souplesse étrangère, en général, au *petit-nègre* véritable.

C'est ce que je vais examiner.

2

Notions élémentaires et suffisantes de grammaire espéiste.

L'une des caractéristiques du langage *petit-nègre*, c'est de pratiquer abondamment l'*infinitif* et d'ignorer presque intégralement les autres temps, modes et formes du verbe.

L'espéisme qui, non sans fierté, se réclame de son origine *petit-nègre*, a réussi sans peine à remédier à cet inconvénient.

Il lui suffit de faire usage de quelques lettres (*a*, *b*, *c*) et de quelques chiffres ([1], [2], [3], [4], [5]) placés sous forme d'*exposants*.

Voyons d'abord les pronoms personnels :

PRONOMS PERSONNELS

Pas de difficultés.

Je, tu, il, nous, vous, ils, dont les valeurs numériques respectives dans l'espéisme sont par exemple : 1-2-3-11-22-33 sont avantageusement représentés non par leurs chiffres, mais par les lettres qui sont les premières d'un certain nombre d'alphabets.

Nous écrirons donc :

Je, moi	a
Tu, toi	b
Il	c
Nous	aa
Vous	bb
Ils	cc

Ceci étant, assurons-nous tout de suite un avantage sur la plupart des langues vivantes ou mortes, vraisemblablement même sur toutes les langues vivantes ou mortes.

Il nous suffit de faire usage de l'honnête *cédille* à laquelle nous conférons le privilège exclusif d'exprimer la *qualité féminine*.

En sorte que nous lirons

a̦	*moi, femme*
b̦	*toi, femme*
ç	*elle*
a̦a̦	*nous, femmes*
b̦b̦	*vous, femmes*
cç	*elles*

7320 *lion*   7320 lionnes.

Nota. — Le *c* dans le sens de *il impersonnel* (dans il pleut, par exemple) pourra s'orner d'un accent grave *c̀*.

VERBE

Pour manier le verbe, il faut avoir une table indiquant la valeur de quelques « exposants » ou mieux de se graver, en quelques instants, cette valeur dans la mémoire.

Ces exposants sont :

    ¹ qui exprime le présent
    ² et ³ qui expriment le passé
    ⁴ qui exprime le futur
    ⁵ qui exprime le conditionnel.

Voyons maintenant les règles :

Tous les verbes sont compris dans une même tranche de chiffres allant d'un certain chiffre, 500 par exemple, à un autre chiffre, 2.500 par exemple.

Autrement dit, par le seul fait qu'un nombre est compris entre 500 et 2.500, c'est qu'il représente un *verbe*.

Prenons par exemple le verbe *être* dont le chiffre est 500.

Présent de l'indicatif et du subjonctif. — L'indicatif présent n'est autre que l'infinitif précédé du pronom personnel. Le subjonctif en diffère en ce que le chiffre est surmonté d'un trait qui lui est parallèle. Ex. :

Je suis	a 500	*Que je sois*	a $\overline{500}$
Tu es	b 500	*Que tu sois*	b $\overline{500}$
Il est	c 500	*Qu'il soit*	c $\overline{500}$
Nous sommes	aa 500	*Que nous soyons*	aa $\overline{500}$
Vous êtes	bb 500	*Que vous soyez*	bb $\overline{500}$
Ils sont	cc 500	*Qu'ils soient*	cc $\overline{500}$

Nota. — L'exposant ¹ étant le signe du présent, on peut, pour la régularité, écrire :

Je suis	a 500¹	*Que je sois*	a $\overline{500}$¹

Bien entendu, quand le pronom personnel se rapporte à des femmes, on peut faire usage de la cédille :

Elles sont	cç 500	*Que vous (femmes) soyez*	bb $\overline{500}$

Ce n'est jamais une faute d'écrire, immédiatement avant le verbe, le pronom personnel qui constitue le sujet ou qui le rappelle ; ex. : « les hommes, dont le désir est de correspondre avec l'étranger, sont satisfaits de ... » peut s'écrire avec le pléonasme : « les hommes dont le désir est de correspondre avec l'étranger, *ils* sont (cc. 500) satisfaits de, etc. »

Passé. — (J'étais, je fus ; que je fusse ; ich war ; ich wäre.)
L'imparfait est indiqué par l'exposant^2 (1). Ex. :

Tu étais	b 500^2	*Qu'elle fût*	ç $\overline{500}^2$

Passé indéfini. — (J'ai été ; que j'aie été ; ich bin gewesen ;
ich sei gewesen.)

Fait en quelque sorte double emploi avec le parfait. Aussi
n'aura-t-il pas l'honneur d'un exposant particulier ; mais nous
écrirons deux fois l'exposant du passé. Ex. :

Il a été	c $500^{2\text{-}2}$	*Qu'elles aient été*	cç $\overline{500}^{2\text{-}2}$ (2)

Plus-que-Parfait. — (J'avais été ; que j'eusse été ; ich war
gewesen ; ich wäre gewesen.)

Nous caractérisons le *plus-que-parfait* par le second des deux
exposants qui indiquent le passé, c'est-à-dire. par l'exposant^3.
Ex. :

J'avais été	a 500^3	*Que vous eussiez été*	bb $\overline{500}^3$

Futur. — Le futur dispose de l'exposant^4. Ex. :

Je serai	a 500^4
Elles seront	cç 500^4 (3)

---

(1) Bien entendu, il serait à peu près aussi aisé de faire usage de signes
que d'exposants. Le signe du passé serait une parenthèse écrite immédiatement avant le verbe, c'est-à-dire déjà tracée, déjà ancienne, déjà du passé,
quand le verbe est écrit. Ex. :

Tu étais	b (500	*Que nous fussions*	aa ($\overline{500}$
Elle fut	ç (500	*Qu'elle fût*	ç ($\overline{500}$

(2) Si l'on tient absolument à faire une distinction entre le parfait (*je fus*)
et l'imparfait (*j'étais*), on peut désigner le premier, comme nous l'avons
fait, au moyen de l'exposant^2 et l'imparfait au moyen de l'exposant$^{2\text{-}3}$. Ex. :
je fus a 500^2 ; *j'étais* a $500^{2\text{-}3}$; de même : *j'eus été* pourra s'écrire : a $500^{3\text{-}2}$.

(3) En usant de signes au lieu d'exposants, on obtient des formules
presque aussi simples qu'avec les exposants. Ex. :

je fus	a (500	*Que je fusse*	a ($\overline{500}$
j'étais	a (. 500		
j'ai été	a ((500	*Que j'aie été*	a (($\overline{500}$
j'avais été	a (: 500	*Que j'eusse été*	a (: $\overline{500}$

Le signe du **futur** est une parenthèse suivant immédiatement le verbe,

Le futur antérieur a le même exposant que le futur, mais l'exposant 2, signe du passé, lui est adjoint :

$$j'aurai\ été \qquad a\ 500^{1\text{-}2}$$

Conditionnel. — Est représenté par l'exposant 5 :

$$je\ serais \qquad a\ 500^{5}$$

L'indice 2, signe du passé, caractérise le conditionnel passé :

$$j'aurais\ été \qquad a\ 500^{5\text{-}2}$$

Impératif. — L'impératif exige l'emploi, immédiatement après le verbe, de l'un des groupes de lettres ou lettre b, aa, bb ; elles sont unies au verbe par un trait d'union. On peut forcer davantage encore l'attention par l'emploi du point d'exclamation *non souligné*.

sois	500-b !
soyons	500-aa !
soyez	500-bb !

---

c'est-à-dire un signe qu'il reste à écrire, qui est encore un acte à venir, un acte du futur au moment où le verbe est écrit :

$$je\ serai \qquad a\ 500 \ :$$

Le conditionnel est indiqué par un point d'interrogation *non souligné* :

$$je\ serais \qquad a\ 500\ ?$$

Le futur **antérieur** et le **conditionnel passé** doivent naturellement rappeler le passé et en porter le signe :

$$j'aurai\ été \qquad a\ (500 \ )$$
$$j'aurais\ été \qquad a\ (500 \ ?$$

L'infinitif s'écrit 500 ou 500, l'infinitif passé *avoir été* (500, l'infinitif futur *à être* 500) ; l'accent aigu sur le dernier ou sur l'avant-dernier chiffre d'un verbe signifiant l'infinitif.

Le participe sera : participe présent *étant* 500.

$$\text{participe passé } été \ (500.$$

Impératif *sois,* 500-a ! *soyons* 500-aa ! *soyez* 500-bb ! Si l'on fait usage de points d'interrogation ou d'exclamation pour indiquer le conditionnel ou l'impératif, ces signes ne doivent pas être soulignés. Ils doivent au contraire être soulignés de même que le sont les chiffres qui signifient vraiment des chiffres (V. p. 4) chaque fois qu'ils conservent leur signification générale et n'ont pas la valeur conventionnelle que leur attribue l'espéisme.

Bien entendu on ajoute la cédille s'il s'agit de femmes :

$$\textit{soyez (femmes)} \qquad 500\text{-bb !}$$

Infinitif. — C'est le chiffre donné par le répertoire.

Toutefois, pour éviter toute confusion, on marquera le dernier ou l'avant-dernier chiffre du nombre qui représente l'infinitif d'*un accent aigu*. Ex. :

$$\textit{être} \qquad 5\acute{0}0$$

L'*infinitif passé* portera de plus le signe du passé, c'est-à-dire l'indice ². Ex. :

$$\textit{avoir été} \qquad 5\acute{0}0^{2}$$

L'*infinitif futur* portera le signe du futur, c'est-à-dire l'indice ⁴. Ex. :

$$\textit{à être} \qquad 5\acute{0}0^{4}$$

Participe. — Le mode participe s'exprime par un pointillé au-dessus du chiffre. Ex. :

$$\textit{étant} \qquad \overline{500}$$
$$\textit{été, ayant été} \qquad \overline{500}^{2}$$

Les différents verbes peuvent se conjuguer ainsi :

EXEMPLE DE CONJUGAISON

LOUER *(louanger)* (1).

Présent (ich lobe)		Subjonctif (ich lobe; du lobest)	
Je loue	a-784	*Que je loue*	a-784 (2)
Tu loues	b-784	*Que tu loues*	$\overline{\text{b-784}}$
Il loue	c-784	*Qu'il loue*	$\overline{\text{c-784}}$
Nous louons	aa-784	*Que nous louions*	$\overline{\text{aa-784}}$
Vous louez	bb-784	*Que vous louiez*	$\overline{\text{bb-784}}$
Ils louent	cc-784	*Qu'ils louent*	$\overline{\text{cc-784}}$
Elle loue	ç-784	*Qu'elles louent*	$\overline{\text{çç-784}}$

(1) Le verbe français *louer* a quatre chiffres :

L'un est le même que celui de *louanger* (faire des éloges) 784.

L'un est le même que celui de *donner à louage* 920.

Un autre est le même que celui de *prendre à louage* 921.

Un autre (se louer de) est le même que celui de *être content de* 625 (625 commande le datif avec ou sans le mot *avec*).

(2) Le trait horizontal, caractéristique du subjonctif, pourrait être rem-

Imparfait (ich lobte)   (ich lobete)

    Je louais, je louai   a-784^2 *Que je louasse* $\overline{\text{a-784}^2}$

Parfait (ich habe gelobt)   (ich habe ; du habest…)

    J'ai loué   a-784$^{2\text{-}2}$ *Que j'aie loué* $\overline{\text{a-784}^{2\text{-}2}}$

Plus-que-parfait (ich hatte gelobt)   (ich hatte gelobt)

    J'avais loué   a-784^3 *Que j'eusse loué* $\overline{\text{a-784}^3}$

Futur (ich werde loben)

    Je louerai   a-784^4

FUTUR ANTÉRIEUR (ich werde gelobt haben)

    J'aurai loué   a-784$^{4\text{-}2}$

Conditionnel (ich würde loben)

    Je louerais   a-784^5

CONDITIONNEL PASSÉ (iche werde gelobt haben)

    J'aurais loué   a-784$^{5\text{-}2}$

Infinitif *louer* (loben)   784   **Impératif** *loue* 784-b !

   avoir loué (gelobt zu haben) 784^2 *louons* 784-aa !

   à louer (zu loben) 784^3 *louez* 784-bb !

                      louez (femmes) 784-bb !

Participe *louant* (lobend) $\overline{784}$

   loué (gelobt) $\overline{784}^2$

Verbe passif (1).

Se conjugue exactement comme le verbe actif, mais l'exposant est placé devant le verbe au lieu de l'être après.

    être loué ^{1}-784

    je suis loué   a-^{1}784   *je loue*   a-784^4

---

placé par des exposants choisis parmi les multiples simples des exposants de l'indicatif ; par ex. :

   Je louais   a-784^2 *Que je louasse*   a-784^{20}

   J'ai loué   a-784$^{2\text{-}2}$ *Que j'aie loué*   a-784$^{20\text{-}20}$

   J'avais loué   a-784^3 *Que j'eusse loué*   a-784^{30}

  (1) Avec des signes au lieu d'exposant, le verbe actif *louer* (louanger) se conjuguerait ainsi :

   je loue   a-784   *que je loue*   a-$\overline{784}$

   je louais)

   je louai) a-(784 ou a-(. 784   *que je louasse*   a-($\overline{784}$

   j'ai loué   a-((784   *que j'aie loué*   a-(($\overline{784}$

qu'elles eussent été louées   cç-³784   *qu'elles louassent*   cç-$\overline{784}$³
tu serais loué   b-³784
étant loué   ¹$\overline{784}$
soyez loués   bb !-784.

Verbes pronominaux et verbes à suffixes.

La forme pronominale, la pronominalisation d'un verbe non pronominal ne présente pas de difficultés. Ex. : *je me bats*, dans le sens de : je me donne des coups à moi-même, je me frappe moi-même, s'écrit tout naturellement avec le chiffre qui exprime frapper : 935 par exemple, précédé de deux fois le pronom possessif *a*, les deux *a* étant unis par un trait d'union et le second portant le signe du complément direct, c'est-à-dire l'accent circonflexe. Ex. :

je frappe a-935
je me frappe (je me donne des coups à moi-même   a-â-935.

Le véritable verbe pronominal est à éviter autant que possible.

Au mot se battre le dictionnaire indiquera l'acception se frapper soi-même et donnera le chiffre qui signifie *frapper* : 935 ; il indiquera également l'acceptation *batailler* et le chiffre — 1.223 par exemple — qui signifie batailler, échanger des coups.

Nous nous étions battus (nous avions bataillé)   aa-1.223³

Qu'elles se fussent battues (qu'elles eussent bataillé)   cç-$\overline{1.223}$³

Le dictionnaire indique par des exemples ceux des verbes dont le sens doit être précisé par l'emploi de mots tels que : *contre l'autre,... les uns contre les autres, les uns avec les*

---

j'avais loué a-(: 784   *que j'eusse loué*   a-(: $\overline{784}$
je louerai   a-784)
j'aurai loué a-(784)
je louerais   a-784 ?
j'aurais loué a-(784 ?
    louer 7́84   *avoir loué* (7́84   *à louer* 7́84)
    louant $\overline{784}$ *loué* ... ($\overline{784}$
      loue, louons, louez   784-b ! 784-aa ! 784-bb !

Une lettre invoquerait la forme passive

    je loue   a-784   *je suis loué*   a-p784
    je louais a-(784   *que je fusse loué* a-p($\overline{784}$

autres, avec, ensemble, réciproquement, etc., ainsi que la nature du complément direct ou indirect commandé par le verbe seul ou par le verbe et la préposition qui en complètent le sens.

Semblables renseignements sont, dans le dictionnaire allemand, indispensables en ce qui concerne les nombreux verbes allemands à suffixe.

Les dictionnaires indiqueront ceux dont le suffixe doit être individualisé par l'emploi du chiffre qui représente ce suffixe. Ex. : *collaborer, mitarbeiten* sera représenté par le chiffre qui signifie *travailler, arbeiten,* et aussi par le chiffre qui signifie *ensemble* ou bien par le chiffre qui signifie *avec* — ce chiffre précédant immédiatement le complément indirect (datif).

Le dictionnaire indiquera par contre ceux des verbes où le verbe et le suffixe doivent être représentés *uniquement* par le chiffre du verbe. Ex. : *überschreiten* dans le sens où il correspond exactement au mot français *traverser* et commande le complément direct (c'est-à-dire l'accusatif).

De même le dictionnaire français au mot *promener,* après avoir indiqué le chiffre qui correspond à mener promener, faire faire une promenade (promener son chien), signalera le chiffre du verbe pronominal *se promener, spazieren* — 1.330 par exemple — en rappelant que le complément direct ne doit pas être exprimé. Ainsi l'on écrira :

je me promène a-1.330 et non a-à-1.330.

Il est évident que verbes à suffixes, verbes pronominaux constituent une difficulté.

Toutefois on doit reconnaître que certains de ces verbes sont superposables en différentes langues (*se moquer de, sich lustig machen,* par ex.), et aussi que l'omission de la règle que nous venons d'énoncer n'a pas d'inconvénient grave. *Ich mich spaziere* sera ridicule aux yeux d'un Allemand, mais non incompréhensible ; de même le Français lisant que son correspondant allemand a *surmonté sur* une colline, comprendra sans difficultés que ce correspondant a oublié que le suffixe *sur* (über) était inclus dans le chiffre exprimant le verbe.

En cas d'obscurité, la faute *ich mich spaziere* (a-à-1.330) au lieu de *ich spaziere* (a-1.330) est même à recommander, puisqu'un pronom possessif sujet suivi d'un pronom possessif com-

plément direct, tous deux liés au verbe, indiquent forcément
la forme pronominale et que parfois cette forme précisera heu-
reusement, au prix d'une incorrection, le sens réfléchi de l'action
exprimée par le verbe. De même encore si l'on fait usage pour
un verbe pronominal, tel que *se battre*, d'un chiffre spécial (au
lieu, comme nous avons fait plus haut, de tourner la difficulté
par l'emploi de l'équivalent batailler), et si, par surcroît, l'on
signale la réciprocité par le mot réciproquement, il adviendra
à des plumes hâtives ou inexpertes d'écrire : ils *se se* sont
battus réciproquement. C'est de l'assemblage de pléonasmes,
mais ce n'est pas de l'amphibologie.

Le dictionnaire doit donner le même chiffre aux mots syno-
nymes ; déconseiller l'emploi des verbes défectifs et des formes
idiotiques *l'échapper belle*, par exemple) ; signaler les équivalents ou les périphrases qui permettent d'éviter les difficultés ;
préciser par des exemples le genre de dépendance des compléments vis-à-vis du verbe, chaque fois que les divergences entre
les différentes langues (ex. : je *vous* remercie; ich danke *ihnen*)
contreignent l'espéisme à réaliser l'uniformité en assignant
un mode unique d'expression.

ARTICLE DÉFINI

Certaines langues se passent de l'article : ainsi le latin;
d'autres se passent de désinences de déclinaison : ainsi le
français ; certaines ont à la fois articles et désinences : tel le
grec, tel l'allemand.

La langue espéenne, comme l'allemand, comme le grec, possède à la fois l'article défini et les désinences de déclinaison, mais
articles et désinences sont réduits à la plus simple expression.

L'article est l'article du plus pur *petit-nègre : li*, qui signifie
à la fois le, der, das, the, etc

Nous écrirons :

$$le \text{ (masculin et neutre) li}$$
$$la \qquad\qquad lj$$

Pluriel :

les (masculin et neutre) lat ou mieux la/
les (féminin) $la_b t$ $la_b/$

Duel. — Rien de plus aisé que de nous offrir, à l'instar du
grec et de l'arabe, un *duel*.

L'emploi du duel, en espéisme, est facultatif ; il peut y servir à caractériser les organes, les êtres ou les choses qui vont ou qui sont deux à deux : une paire de lunettes, une paire de chaussures, une couple d'œufs, les deux oreilles, les deux yeux, les deux bras, un couple de chiens…

Au lieu de la′ nous pouvons dans ces cas écrire latt ou mieux la ⁄ dont la signification exacte est : les deux.

Toutefois nous pouvons facilement établir une distinction intelligible entre : une paire (sans distinction de genres) — une paire exclusivement féminine — un couple. Ex.

les deux (sans distinction de sexe)	la ⁄
les deux (homme et femme)	la ⁄ ⁄
les deux (deux femmes)	la

Nota. — *Règle formelle.* — En espéisme il est *strictement interdit* de donner le genre masculin à qui n'est pas évidemment homme ou mâle, le genre féminin à qui n'est pas évidemment femme ou femelle.

Si   7.287 signifie *le* merle (*die amsel*),

      7.287 désigne explicitement et exclusivement la femelle du merle.

Il est superflu de donner les raisons de cette règle.

Quant aux articles : *un*, *une*, *du* (dans le sens : une certaine quantité), *des* (un certain nombre), quant aux conjonctions, prépositions, adverbes de temps et de lieu, il est vraisemblablement préférable de ne pas les exprimer par des lettres ou par des signes, mais bien par des chiffres choisis parmi les plus bas de la numération.

Signalons toutefois, qu'à l'instar de la langue arabe qui accole une même désinence exprimant personnification ou possession, non seulement aux verbes, mais aux substantifs, nous pouvons en accolant a, b, c, aa, bb, cc, non plus aux verbes mais aux substantifs donner à ceux-ci la signification de possession exprimée en français par mon, ton, son, notre, votre, leur.

Ex. :

	maison 6.300 ;	6.300-a	*ma maison*
6.300-b	*ta maison ;*	6.300-c	*sa maison*
6.300-aa	*notre maison :*	6.300-bb	*votre maison*
6.300-cc	*leur maison*		

Employé dans ce sens, le pronom possessif doit suivre immédiatement le substantif (bien entendu, avec ses désinences, V. par. suiv., s'il en a) et lui être joint par un trait d'union. Ex. :

de leurs maisons (génitif) : 6.300/'·cc

et si *leurs* se rapportent à des femmes, on peut préciser par l'emploi de la cédille :

6300/'-cç.

DÉSINENCES

Nous reconnaissons cinq cas :

le *nominatif*	moi (sujet)
le *génitif*	de moi
le *datif*	à moi
l'*ablatif*	par moi
l'*accusatif*	moi (complément direct).

Le génitif est marqué, comme dans beaucoup de langues, par un accent placé après le mot, le datif l'est par deux accents, l'ablatif par trois, l'accusatif par quatre ou par un accent circonflexe. Ex. : (1)

moi (sujet)	a	*le lion*	li	7.320
de moi	a´	*de la lionne*	li´	7.320´
à moi	a´´	*au lion*	li´´	7.320´´
par moi	a´´´	*par le lion*	li´´´	7.320´´´
moi (compl. dir.)	â	*le lion*	lî	7.32ô

Nota. — Le *vocatif* sera figuré par la lettre o non liée au substantif par un trait d'union, dépourvue d'accent circonflexe et suivie, ainsi que le substantif, d'un point d'exclamation souligné.

o *lion* o ! 7.320 !

---

(1) Bien entendu on peut se servir d'exposants au lieu d'accents. Moi, de moi, à moi, par moi, moi deviendront a, a², a³, a⁴, a⁵. L'infinitif employé comme substantif sera le chiffre du verbe muni d'un accent aigu (V. p. 10) précédé de li auquel l'unit un trait d'union ou suivi de l'exposant indiquant le cas.

Pluriel. — Les mots à mettre au pluriel sont suivis de la lettre t ou plus simplement d'un barre verticale. Ex. :

les lions (sujet	la	7.320
des lionnes	la	7.320
aux lions	la	7.320
les lions (compl. dir.)	là	7.320

Duel (facultatif). — Deux t ou mieux deux barres verticales au lieu d'une. Ex. :

aux deux lions	la	7.320
des deux lionnes	la	7.320

Nota. — *Lorsque l'article défini précède immédiatement le substantif, ce dernier peut rester invariable :*

les lions (sujet)	la	7.320
des lions	la	7.320
aux lions	la	7.320
les lionnes (compl. dir.)	là	7.320

SYMBOLES DE VALEUR INTERNATIONALE

L'espéisme admet tous ceux des signes ou symboles usuels des langages scientifiques et techniques dont la signification est internationalement connue. Ex. : + plus, — moins, = égal, 0 zéro, ∞ infini.

Le signe > en espéisme signifie *plus que* et **non plus** grand que, le signe < *moins que* et non moins grand que.

Ces deux signes servent à former le comparatif. Ex. :

Si	17.825	signifie beau
	17.825 > b	signifie plus beau que toi (beau plus que toi)
	17.825 < c	signifie moins belle qu'elle (belle moins qu'elle)

Superlatif. — Se forme à l'aide du signe +, ou mieux à l'aide du signe + répété deux fois.

le plus beau   17.825 ++ (beau le plus).

Le superlatif absolu use du signe de l'infini ∞.

le plus beau qu'on puisse imaginer, beau sans comparaison possible

17.825-∞

Augmentatifs. — Emploient le signe + suivi de l'exposant [10], [100] ou [1000] ou du chiffre souligné :

$$17.825 + 10 \quad \text{ou } 17.825 +^{10} \qquad \text{fort beau}$$
$$17.825 + 100 \quad \text{ou } 17.825 +^{100} \qquad \text{très beau}$$
$$17.825 + 1000 \text{ ou } 17.825 +^{1000}. \qquad \text{extrêmement beau.}$$

Diminutifs. — Se forment de façon analogue par l'emploi du signe — suivi des exposants [10], [100], [1000] ou des chiffres soulignés 10, 100, 1000, correspondant respectivement à peu, très peu, extrêmement peu.

POUR SOULAGER LA MÉMOIRE

Les formes idiotiques, nous l'avons dit, surchargent le dictionnaire. Ceci est inévitable ; chaque langue ayant ses particularités ou ses illogismes. Nous avons signalé que le verbe louer nécessitait *quatre* chiffres. Autre exemple : le verbe aimer.

En français aimer a *deux* significations :

Aimer, *affectionner*, 1.200 : aimer Dieu, aimer son prochain.

Aimer, *avoir du goût pour*, 1.714 : aimer la promenade, aimer la bonne chère.

De même, nombre de prépositions doivent être exprimées par des chiffres différents : ainsi *pour* signifie à la fois *dans le but de, afin de* (il travaille pour réussir), *en faveur de* (je plaide pour votre frère), *à la place de* (il le prit pour un autre), *en considération de* (très instruit pour son âge), *moyennant* (pour un prix élevé), etc., etc.

Les dictionnaires indiquent d'ailleurs les différentes acceptions des mots. Il sera nécessaire que désormais les exemples qu'ils donnent de *chacune* d'elles soient suivis du chiffre représentant, en langage international, l'acception indiquée par l'exemple.

Il est vraisemblable qu'en laissant les prépositions, locutions adverbiales, articles indéfinis, conjonctions, etc., occuper, par tranches catégorisées *les 500 premiers chiffres* de la numération, on ne péchera pas par excès.

Comment faire, en présence de cette dépense considérable de chiffres pour faciliter la tâche de la mémoire, réaliser des économies de chiffres ?

Voici quelques moyens :

RÉPARTIR LA MÊME SORTE DE MOTS
DANS UNE MÊME TRANCHE DE CHIFFRES

Par exemple tous les pronoms entre 1 et 50 ; tous les adverbes de temps et de lieu entre 50 et 100 ; tous les verbes entre 500 et 2.500 ; tous les substantifs entre 2.500 et 10.000 ; tous les adjectifs au delà de 10.000, etc.

DONNER LE MÊME CHIFFRE AUX SYNONYMES

Par exemple : expédier, envoyer, adresser auront le même chiffre. Une grosse économie de chiffres peut être réalisée par ce moyen.

ÉTABLIR UNE RELATION ENTRE CERTAINES RACINES
ET LEURS DÉRIVÉS

Ex. : Si *aimer* a le chiffre 1.200 ; le substantif *amitié* aura reçu le chiffre 1.200 + 2.000 (2.000 étant le nombre total des verbes), c'est-à-dire 3.200. *Ami* aura le chiffre 3.200 + 6.000 = 9.200 (6.000 étant le nombre total des substantifs exprimant la façon d'être ou, de penser, de sentir) ; *amical* recevra le chiffre 19.200 (10.000 étant le nombre total des chiffres signifiant des êtres vivants doués de telle ou telle aptitude).

On aura donc :

Aimer 1.200, *amitié* 3.200, ami 9.200, *amical* 19.200

de même :

Construire 1.300, *construction* 3.300, *constructeur* (subst.) 9.300, *con-structif* 19.300.

Autrement dit en augmentant un chiffre d'un nombre *fixe* on tombe sur le chiffre exprimant un dérivé (si toutefois, bien entendu, le dérivé existe).

USER DES AUGMENTATIFS ET DES DIMINUTIFS

Soit *l* l'augmentatif, *f* le diminutif. En utilisant ces lettres le dictionnaire peut user du même chiffre pour toute une série de mots.

Ex. :

Aimer	1.200	*aimer d'amour*	1.200 l	*adorer*	1.200 ll
Amitié	3.200	*amour*	3.200 l	*adoration*	3.200 ll
Ami	9.200	*amant* (subst.)	9.200 l	*adorateur* (subst.)	9.200 ll
Amical	19.200	*amoureux* adj.	19.200 l	*adorateur* (adj.)	19.200 ll

et pour les diminutifs :

Aimer	1.200	*affectionner*	1.200 f	*sympathiser*	1.200 ff
Amitié	3.200	*inclination*	3.200 f	*sympathie*	3.200 ff
Ami	9.200	*affectionné* (subst.)	9.200 f	*sympathique* (subst.)	9.200 ff
Amical	19.200	*affectionné* (adj.)	19.200 f	*sympathique* adj.)	19.200 ff

Quelques mots pourront nécessiter un chiffre spécial, affection p. ex., ou même provoquer un allongement (chérir devra peut-être se rendre par aimer tendrement) ; mais il subsistera beaucoup de simplifications. Ainsi *sympathique*, 19.200 ff, pourra donner *cordial*, 19.200 fff, etc.

EMPLOYER LA NOTATION O (c'est-à-dire : *au-dessous de zéro*) **OU SYMBOLE DU « CONTRAIRE »** un zéro souligné et lié au mot par un trait d'union

Ex. :

Aimer	1.200	haïr	0-1.200
Construire	1.300	détruire	0-1.300
Constructeur	9.300	destructeur	0-9.300

ADVERBIALISER PAR UN SIMPLE SIGNE LES ADJECTIFS ADVERBIALISABLES

Ex. :

Long 17.500   longuement 17.500

USER DES LETTRES MAJUSCULES POUR EXPRIMER LES PHRASES OU MEMBRES DE PHRASE D'USAGE COURANT

Nombre de formules ou clichés d'usage courant (Cher Monsieur — par pli recommandé — franco de port — rendu à quai — dans le plus bref délai — veuillez agréer l'assurance de mes sentiments, etc.) peuvent être exprimés chacun par une simple majuscule dont la signification conventionnelle est inscrite au répertoire.

USER A L'OCCASION DE MOTS ET SIGNES DONT
LA SIGNIFICATION EST INTERNATIONALEMENT CONNUE

yes, oui, ia, nein, no, and, & C°, etc., mots qu'il conviendra, en général, de souligner.

DIFFICULTES

L'emploi des expressions intraduisibles et des idiotismes est à déconseiller. Ils peuvent toutefois, ainsi que les formules indiquant leur sens, figurer dans les dictionnaires sous un chiffre extrêmement élevé 50.000 et au delà, permettant, lorsque l'on rencontre un de ces chiffres, de reconnaître tout de suite qu'il s'agit d'une expression aberrante ou atypique.

Les différences de modes de construction de la phrase dans les différentes langues ne seront généralement pas une cause de difficultés sérieuses entre langues de formation commune (anglais, espagnol, français, italien, portugais, roumain). Elles le seront au contraire entre le français et l'allemand.

Pour obvier à cette sorte d'inconvénients, il doit être expressément recommandé par le dictionnaire :

De faire des phrases courtes, claires avec le moins d'incidentes possible. En espéisme, le tutoiement doit être de règle.

De suivre un même ordre dans la construction de la phrase; par exemple : sujet, verbe, complément direct, complément indirect :

Si, dans les incidentes la construction est inversée, à la façon allemande, par exemple sujet, compléments, verbe, il sera souvent utile de « pléonasmer » le sujet, c'est-à-dire de faire précéder immédiatement le verbe du pronom possessif qui le reproduit, le signifie, le représente. Ex. :

L'envoie que *nous*, selon votre demande, la semaine dernière à vous, *nous* avons fait...

Le pléonasmage par reproduction du pronom possessif immédiatement avant le verbe est en quelque sorte une règle normale de l'espéisme.

Les déclinaisons elles aussi causent de l'embarras. Il conviendra, en principe, de réduire tous les *cas* de déclinaison, commandés par les verbes, prépositions, locutions adverbiales... à deux : l'accusatif (cas du complément direct) et le datif (cas du complément indirect). Une difficulté particulière résulte de ce que parfois ce qui est accusatif dans une langue est datif dans une autre. Nous avons rappelé que le Français dit : je *vous* remercie (*vous* étant complément direct, c'est-à-dire accusatif), tandis que l'allemand dit : ich danke *ihnen*, littéralement je remercie *à vous à vous*, datif, faisant figure de complément indirect). De plus, certaines langues, le latin et l'allemand par exemple, marquent du datif l'expression qui implique la station dans un endroit et de l'accusatif celle qui implique le mouvement vers un lieu ; du moins en est-il ainsi avec la préposition *in*. Le dictionnaire pourvu du chiffre international uniformisera ces dissemblances en pratiquant des cotes plus ou moins bien taillées, c'est-à-dire en adoptant sur certains points les habitudes de certaines langues et sur certains autres celles d'autres langues. L'emploi du *génitif* et de l'*ablatif* doit avoir son application limitée aux relations qui, de toute évidence, ressortissent au génitif (de) ou à l'ablatif (par le) ou encore à des expressions qui, en certaines langues, comportent ou peuvent comporter l'emploi d'un cas autre que l'accusatif ou le datif. Ex. : dans l'expression : un jour, j'étais venu... *un jour* pourra se mettre au génitif, comme en allemand, ou, ce qui serait encore plus clair, à l'ablatif, comme en latin.

Enfin il sera sage de ne pas prétendre forcer la méthode, c'est-à-dire de ne pas vouloir la contraindre à donner plus qu'elle ne peut donner. Trop de complexité, trop de surcharges la rendraient impraticable.

En résumé l'emploi de dictionnaires dans lesquels chaque mot porte un indice numérique international permet l'usage écrit d'un espéisme réduit a sa plus simple expression, c'est-à-dire d'une sorte de petit-nègre international ou du moins valable dans tous les pays où sont connus les chiffres arabes.

En ajoutant à semblable dictionnaire des exemples et *quelques pages* d'explications, ainsi que l'indication de la valeur conventionnelle de quelques lettres ou signes (a, b, c ; [1], [2], [3], [4], [5], placés en exposants ; li, lat ou la signe de pluriel, la cédille ou signe de féminité, quelques accents ', ", '", '), on peut sans difficulté améliorer l'espéisme au point d'en faire une langue douée d'une certaine souplesse.

Il est vraisemblable qu'en disposant des simplifications pré-mentionnées, il suffirait de se loger 3 ou 4.000 chiffres dans la mémoire pour écrire couramment l'espéisme sans être obligé de recourir fréquemment au dictionnaire.

Il y a de fortes raisons pour que l'espéisme ne devienne pas phonétique bien que, comme je vais me récréer à l'exposer, il ne soit pas malaisé de le rendre tel.

En tout état de cause et en faisant abstraction de visées plus ambitieuses il n'en demeure pas moins que l'*espéisme*, c'est-à-dire l'attribution aux mots de langues différentes ayant la même signification d'un même indice numérique, permettrait à des gens de langues différentes — mais possédant chacun le dictionnaire des mots de sa langue propre muni de l'indice numérique international — de se communiquer avec précision les uns aux autres l'essentiel de leurs pensées.

PHONÉTIQUE

Pour parler l'espéisme et le rendre intelligible à l'étranger, il suffirait que, dans les différents pays, ceux qui pratiqueront l'espéisme apprennent à compter dans une seule et même langue.

Ce résultat paraissant difficile à obtenir, je pense que le plus simple est de choisir 9 lettres ou groupes de lettres, et d'attribuer respectivement à ces lettres ou groupes de lettres, la valeur des neuf chiffres qui représentent les unités (1).

Nous appellerons *lettres-unités* ces 9 lettres ou groupes de lettres auxquels nous attribuons les valeurs suivantes :

a	1
é	2
i	3
o	4
ak	5
ik	6
ou	7
ok	8
ek (2)	9

---

(1) Parmi ces lettres la lettre é a le son aigu qui lui est donné en français dans le mot été par exemple.

(2) Les mots hic, haec, hoc sont de purs mots latins. Rappelons d'autre part que certaines langues (ainsi la langue annamite) sont intégralement composées de mots monosyllabiques.

Procédé permettant d'exprimer oralement tous les chiffres en ne demandant à la mémoire qu'un minimum d'effort. — Ce procédé enfantin implique des longueurs, mais il ne demande presque rien à la mémoire.

Il ne lui demande que de conserver le souvenir des neuf lettres-unités (a, é, i, o, ak, ik, ou, ok, ek), ainsi que celui des équivalents de chiffres tels que zéro, cent, mille, que l'on peut désigner par des sons de valeur internationalement connue; par exemple : on emploiera pour zéro le mot allemand *noull*, pour dix, cent, mille, les mots également d'origine latine *dix, cent, mil*.

Dès lors un chiffre quelconque s'exprime avec facilité. Ex. :

95.635 se dira neuf, cinq mille — six trois cinq : soit ek, ak, mil — ik, i, ak.

<pre>
99.990 se dira : ek, ek, mil — ek, ek, noull
    720   : ou, cent — é, noull ou ou, é, noull
 10.100   : dix mil cent
  1.010   : mil, dix.
</pre>

Autre procédé. — Il consiste à adjoindre aux lettres-unités des lettres destinées à figurer dizaines, centaines et milliers.

Ainsi :

La lettre r placée devant l'une quelconque des neuf lettres-unités multiplie par dix la valeur de cette lettre-unité. Ex. :

ra 10; re 20; ri 30; ro 40; rak 50; rik 60; rou 70; rok 80; rek 90 ; ra-a 11; ra-ek 19, rou-i 73; rek-o 94.

La lettre d placée devant l'une quelconque des neuf lettres-unités multiplie par cent la valeur de cette lettre-unité. Ex. :

da 100; di 300; dek 900; diraka 351; douriki 763; dekreko 994.

Nous voici donc en possession des 999 premiers nombres représentés seulement chacun par une, deux ou trois syllabes. Continuons :

LA LETTRE S (1) REPRÉSENTE LE MOT 1.000. Ex. :

As	1.000	ras	10.000	das	100.000
Es	2.000	rés	20.000	dés	200.000
Is	3.000	ris	30.000	dis	300.000
Os	4.000	ros	40.000	dos	400.000
Aks	5.000	raks	50.000	daks	500.000
Iks	6.000	riks	60.000	diks	600.000
Ous	7.000	rous	70.000	dous	700.000
Oks	8.000	roks	80.000	doks	800.000
Eks	9.000	reks	90.000	deks	900.000

(1) S sifflant comme dans Assas ou dans le mot allemand essen ; on pourrait en cas de doute le figurer par ss.

Ex. :

Assa 1.001 ; asda 1.100 ; asda-a 1.101 ; essi 2.003 ; ossra-a 4.011 ; aksdi-é 5.302 ; iksda 6.100 ; roksdi 80.300 ; doussdik 700.600 ; dékssass 901.000.

Au-dessus de ces chiffres, les nombres million, billion, trillon... seront exprimés par les mots internationalement connus : *millionne, billionne ou milliard, trillonne*, etc.

Procédés mixtes. — Des combinaisons diverses peuvent être facilement imaginées dans le but de combiner les deux procédés précités.

Nota. — Euphonie ; *afin d'éviter l'hiatus on peut faire usage d'une lettre de liaison t ou f par exemple. Ainsi :*

Raa 11 devient rata, réé 22 devient rété, rii 33, rifi, roo, rofo, etc.

— *Ce serait vraisemblablement une simplification d'accorder une notation particulière aux chiffres compris entre 11 inclus et 19 inclus.* Ex. :

11	al	1.100	dal	11.000	als
12	él	1.200	dél	12.000	éls
13	il	1.300	dil	13.000	ils
14	ol	1.400	dol	14.000	ols
15	alk	1.500	dalk	15.000	alks
16	ilk	1.600	dilk	16.000	ilks
17	oul	1.700	doul	17.000	ouls
18	olk	1.800	dolk	18.000	olks
19	élk	1.900	délk	19.000	élks

PHONÉTIQUE DES LETTRES ET DES SIGNES

Les pronoms personnels a, b, c se diront aï (à prononcer ayé comme dans le mot ail) baï, çaï ; aa, bb, cc : aaï, bébaï, çéçaï.

Les exposants des verbes pourront être figurés par les notes de musique telles qu'elles sont prononcées en France, mais modifiées quant à leur terminaison, de façon à éviter les confusions (par exemple entre do qui signifie 400 et do exposant de verbe).

En nous reportant à la page 7, nous inscrirons ainsi les équivalents phonétiques des exposants des verbes : [1] *(présent)* dotz ; [2] et [3] *(passé)* rétz, mitz, [4] *(futur)* fatz, [5] *(conditionnel)* sol.

Ajoutons : *Barre du subjonctif :* latz ; *accent aigu :* sitz ; *pointillé de participe :* out (1).

Exposants de déclinaison :

Nominatif	singulier	amm (ou néant)	pluriel	at
Génitif	—	imm	—	it
Datif	—	èmm	—	èt
Ablatif	—	ul	—	ut (2)
Accusatif ` :	—	om	—	omt

Barre verticale du pluriel, lorsque le cas de déclinaison n'est pas spécifié : tat ou tiat.

Faire précéder ces désinences d'un t de liaison *lorsque l'euphonie l'exige :* tamm, timm, tèmm, tul, tom, pluriel tat, tit, tèt, tut, tomt.

Article défini, li se prononce leï leye, pluriel lat.

Autres signes et symboles :

Cédille : toy (to-ye) ; *barre d'adverbialisation :* tioum ; *zéro :* noull ; *o du vocatif :* oh !

Les nombres soulignés, c'est-à-dire ceux qui signifient réellement un nombre (de même, en cas de besoin, que toute expression de quelque longueur n'ayant pas un sens figuré) sont précédés et suivis de : ach !

Les points d'exclamation et d'interrogation n'ont pas besoin d'être exprimés ou le sont respectivement par ha ! et par hix !

$+$ se dit plouss ; $-$ minouss ; $>$ plouss quam ; $<$ minouss quam ; $+^{10}$; $+^{100}$; $+^{1000}$; plouss-dix ; plouss-cent ; plouss-mil ; ∞ infinit.

L'augmentatif l se dit èil.

Le diminutif f se dit éf.

Enfin il peut être utile d'exprimer le trait d'union ; ainsi, parfois, lorsque le pronom possessif a, b, c suit le substantif avec l'acception mon, ton, son (V. p. 15). Dans ce cas on fera usage de la lettre x et, dans le cas où une voyelle de liaison est indispensable, de la syllabe xi.

---

(1) Soit pour les exposants des verbes, barre du subjonctif, etc. : *dotz, rétz, mitz, fatz, soltz, latz, sitz, utz,* ou encore *dof, réf, mif, faf, solf, laf, sif, ulf,* ou encore *doch, réch, mich, fach, solch, lach, sich, ulch,* ou encore.....

(2) Son de l'u français.

A. — Signalons qu'au lieu de prendre seulement *neuf* lettres-unités ou syllabes unités pour point de départ, on pourrait en prendre *cent*.

L'effort de la mémoire ne serait pas très considérable et l'on réaliserait certaines simplifications. Ex. :

1 a	11 ba	21 ka	31 da	41 fa	51 gua	61 ma	71 pfa	81 ssa	91 za
2 e	12 be	22 ke	32 de	42 fe	52 gue	62 me	72 pfo	82-sse	92 ze
3 i	13 bi	23 ki	33 di	43 ti	53 gou	63 mu	73 pfi	83-ssi	93 zi
4 o	14 bo	24 ko	34 do	44 fo	54 guo	64 mo	74 pto	84 sso	94-zo
5 ak	15 bak	25 kak	35 dak	45 fak	55 guak	65 mak	75 pfak	85-ssak	95 zak
6 ik	16 bik	26 kik	36 dik	46 fik	56 guik	66 mik	76 pfik	86-ssik	96 zik
7 ou	17 bou	27 kou	37 dou	47 fou	57 gou	67 mou	77 plou	87-ssou	97 zou
8 ok	18 bok	28 kok	38 dok	48 fok	58 guok	68 mok	78 pfok	88 ssok	98 zok
9 ek	19 bek	29 kek	39 dek	49 fek	59 gek	69 mek	79 pfek	89-ssek	99 zek
10 ouk	20 bouk	30 kouk	40 donk	50 fouk	60 gouk	70 mouk	80 pfouk	90 ssouk	100 zouk

Exception faite pour les dix premiers chiffres (a, e, i, o, ak, ik, ou, ok, ek ouk) *la lettre r incorporée à l'un d'entre eux le multiplie par 10.* Ex. : bra 110; zouk-ba 111 ; kre 220; dro 310; frik 460; grou 570; mrok 680; pfrou 770; ssrak 850; zrouk ou as 1.000.

La lettre s (ss) a la signification 1.000. Ex. : as 1.000; assa 1.001; assba 1.011, baass ou batass 11.000; faks 45.000; zoks 98.000; zroks 980.000.

B. — Enfin, notons que les notes de musique peuvent également constituer les éléments d'un alphabet.

Le procédé peut n'être pas absolument dénué de valeur en de certaines circonstances (pour des prisonniers par exemple).

Les sept notes de la gamme et les trois notes de l'octave supérieure (je marque celles-ci en italiques) nous donnent dix chiffres (do **1**, ré **2**, mi **3**, fa **4**, sol **5**, la **6**, si **7**, *ut* **8**, *ré* **9**, *mi* **0**).

Pour épeler un nombre il suffit d'exprimer successivement les chiffres qui composent ce nombre (V. p. 23). Dans ce cas il faudra modifier lorsqu'on ne chante pas la prononciation d'au moins deux notes de l'octave supérieure : *ré* *mi*. On pourra les appeler rer et mir, ou mieux prendre à la place de *ut*, *ré*, *mi* les trois premières notes de la gamme allemande cé, dé, é.

Pour l'épellation chantée, procédé qui peut intéresser un prisonnier, le registre do-*mi* est peut-être un peu trop étendue. On pourra faire usage au lieu du *ré* et du *mi*, c'est-à-dire de deux notes de l'octave supérieure d'un dièze, fa ♯ et d'un bémol, si ♭. Enfin des expressions telles que cent ou mille pourront s'exprimer par certains dièzes ou bémols, par des notes ayant une durée plus longue, ou du moins suivies d'un silence plus long, ou par des groupements de notes plus rapides et liées, etc. Ex. : 10 do ♯, 100 dodo ♯, mille dorédo ♯, etc.

Quant aux lettres, exposants et signes conventionnels, au lieu que les chiffres seront en principe (et sauf peut-être ceux qui signifient cent, mille, etc.) exprimées par des noires, ces lettres, exposants et signes conventionnels (V. p. 26), seront constitués, selon leur nature, selon la catégorie du symbole qu'ils représentent par des triolets, par des groupements de deux, trois, quatre... croches, double-croches, triple-croches, quadruple-croches ou par des combinaisons particulières de ces différentes sortes de notes.

La texture et les temps du groupement indiqueront sa catégorie ; les notes lui donneront son individualité.

Plus difficile serait l'expression musicale des chiffres autrement que par l'épellation pure et simple. Toutefois un alphabet musical ne serait pas difficile à créer. Ex. : dodo 1, doré 2, domi 3, dofa 4, dosol 5, dola 6, dosi 7, dout 8, doré 9, domi 10, puis de :

11 à 20 : dododo 11, dodoré 12, dodomi 13, dodofa 14..... dodomi 20

21 à 30 : dorédo 21, doréré 22..... dorémi 30

31 à 40 : domido 31, domiré 32..... domimi 40

41 à 50 : dofado 41, dofaré 42..... dofami 50

51 à 60 : dosoldo 51 à dosolmi 60

61 à 70 : dolado 61 à dolami 70

71 à 80 : dosido 71 à dosimi 80

81 à 90 : doutdo 81 à doutmi 90

90 à 100 : dorédo 91 à dorémi (ou fa-fa ⚡.

Nota. — Pour l'épellation non chantée, il convient de modifier la prononciation des notes de l'octave supérieur.)

Un pareil alphabet que l'emploi de dièzes ou de bémols pourrait, nous l'avons dit, réduire à huit notes et même à moins, signifierait aisément tous les nombres, de même qu'il serait très facile de lui faire signifier toutes les lettres d'un alphabet.

Cent, mille, zéro auraient, comme dans le premier procédé (V. plus haut) leurs notes spéciales, lesquelles — tous les chiffres de un à cent étant figurés en *noires* et commençant par *do* — pourraient, comme les notes exprimant des lettres, exposants ou signes, avoir des durées particulières, être des *blanches* par exemple.

Quant au procédé consistant à faire précéder une des *notes-unités* d'une note ou d'un groupe de notes destiné à multiplier (par 10, par 1.000) la valeur conventionnelle de la note-unité, sa réalisation serait à rechercher dans l'emploi, tout à fait comme pour les exposants, lettres et signes, d'un ensemble de deux ou de plusieurs notes, tenant ses caractéristiques et son individualité tant de la nature de ces notes constitutives, de leurs qualités musicales, des intervalles musicaux, que de leur rythme, de la longueur des silences, les précédant, les suivant ou les séparant les unes des autres.

A titre de plan de recherches et en ne faisant usage que de deux sortes de notes, par exemple de notes ayant les valeurs respectives de *noires* et de *double-croches* (ces dernières soulignées) nous indiquons la méthode suivante :

Neuf notes-unités : do = 1 ; ré = 2 ; mi = 3 ; fa = 4 ; sol = 5 ; la = 6 ; si = 7 ; *ut* (octave supérieure) = 8 ; *ré* (octave supérieure) = 9.

Nous multiplions par dix la valeur de chacune de ces notes (ayant la valeur de noires) en les faisant précéder de deux double-croches : <u>dodo</u>. Ex. : *dodo*-ré = 20, <u>dodo</u>-la = 60.

Nous multiplions par cent la valeur des notes en les faisant précéder de deux double-croches : doré. Ex. : <u>doré</u>-mi = 300, <u>doré</u>-si = 700.

Nous multiplions par mille la valeur des notes en les faisant précéder des deux double-croches : rédo. Ex. : <u>rédo</u>-la = 6.000.

11, 12, 13, 14, 15, 16, 17, 18, 19 doivent s'écrire : do-<u>dodo</u>, ré-<u>dodo</u>, mi-<u>dodo</u>, fa-<u>dodo</u>, etc.

En faisant appel aux différentes sortes de durée des notes (de la ronde à la quadruple-croche) à celles des silences (de la pause au seizième de soupir) en faisant appel aux dièzes et aux bémols, aux rythmes, aux accords, aux unissons, aux trilles, aux arpèges,... à toutes les ressources qu'offre la musique, il n'est pas douteux qu'il ne soit aisé de résoudre aisément le problème, d'intérêt d'ailleurs très accessoire, qui consiste à revêtir intégralement l'espéisme de formes musicales faciles à retenir.

G. ESPÉ DE METZ.

24 décembre 1922.

5423. — Tours, Imprimerie E. ARRAULT et Cⁱᵉ.